WEIHNACHTS-PLÄTZCHEN

AUS ALLER WELT – VON USA BIS SCHWEDEN

Autorin: Tanja Dusy | Fotos: Anke Schütz

DIE GU-QUALITÄTS-GARANTIE

Wir möchten Ihnen mit den Informationen und Anregungen in diesem Buch das Leben erleichtern und Sie inspirieren, Neues auszuprobieren. Bei jedem unserer Bücher achten wir auf Aktualität und stellen höchste Ansprüche an Inhalt, Optik und Ausstattung. Alle Rezepte und Informationen werden von unseren Autoren gewissenhaft erstellt und von unseren Redakteuren sorgfältig ausgewählt und mehrfach geprüft. Deshalb bieten wir Ihnen eine 100 %ige Qualitätsgarantie.

Darauf können Sie sich verlassen:
Wir legen Wert darauf, dass unsere Kochbücher zuverlässig und inspirierend zugleich sind.
Wir garantieren:
- dreifach getestete Rezepte
- sicheres Gelingen durch Schritt-für-Schritt-Anleitungen und viele nützliche Tipps
- eine authentische Rezept-Fotografie

Wir möchten für Sie immer besser werden:
Sollten wir mit diesem Buch Ihre Erwartungen nicht erfüllen, lassen Sie es uns bitte wissen! Wir tauschen Ihr Buch jederzeit gegen ein gleichwertiges zum gleichen oder ähnlichen Thema um. Nehmen Sie einfach Kontakt zu unserem Leserservice auf. Die Kontaktdaten unseres Leserservice finden Sie am Ende dieses Buches.

GRÄFE UND UNZER VERLAG
Der erste Ratgeberverlag – seit 1722.

KV

INHALT

TIPPS UND EXTRAS

Umschlagklappe vorne:
In der Weihnachtsbäckerei

4 Andere Länder – andere Backsitten
6 Plätzchen aus Mürbeteig
7 Ein Teig – viele Möglichkeiten
64 Prost, Skål, Cheers!

Umschlagklappe hinten:
Ein Teig geht um die Welt
Auf die Plätzchen ...

8 KLASSIKER AUS DER HEIMAT

10 Kokosmakronen
13 Spitzbuben
14 Vanillekipferl
15 Zimtsterne
16 Nugat-Mokka-Tropfen
18 Basler Brunsli
19 Haselnussbällchen
21 Wiener Herzoginnen-Plätzchen
22 Basler Leckerli

24 NORDISCHE ZUCKERSTÜCKCHEN

26 Russische Kolachki
28 Schwedische Zimtschnecken
29 Zuckerschleifen
31 Dänische Pfeffernüsse
32 Brune Kager
34 Schwedische Punschrollen

36 MEDITERRANE WEIHNACHTSGRÜSSE

38 Früchte-Cantuccini
40 Pinienhörnchen
41 Mantecados
42 Limoncello-Kugeln
43 Französische Nuss-Stangen
44 Feigenröllchen

46 CHRISTMAS IN NEW YORK

48 Brownie-Tannenbäume
50 Peanutbutter-Thumbprints
51 Confetti-Cookies
52 Schmelzende Schneemänner
55 Cranberry-Shortbread
56 Snowcaps
57 Wedding-Cookies
58 Alfajores mit Dulce de leche

60 Register
62 Impressum

ANDERE LÄNDER – ANDERE BACKSITTEN

Fast überall, wo Weihnachten gefeiert wird, backt man auch Plätzchen – von Land zu Land ein bisschen anders, aber immer mit den besten Zutaten.

Egal ob hoher Norden oder tiefster Süden: Die Grundzutaten für Weihnachtsplätzchen sind fast überall gleich. Mehl, Fett (meistens Butter), Eier und Zucker bilden die Basis (siehe auch Klappe vorne). Dann wird mit Nüssen und Mandeln, landestypischen Früchten, Gewürzen und verschiedenen weiteren Leckereien verfeinert und variiert. Daraus entwickelten die einzelnen Länder und Regionen ihre ganz eigenen Spezialitäten, denen eines gemeinsam ist: Zu Weihnachten darf und soll es etwas besonders Gutes sein.

In Europa blicken wir auf eine lange Backtradition zurück. Schon im Mittelalter wurden Lebkuchen und Pfeffernüsse gebacken – aus den damals edelsten und teuersten Zutaten wie Nüssen, exotischen Gewürzen und Honig. Als schließlich der Gebrauch von Zucker aufkam, entstanden die meisten der heutigen Plätzchen-Klassiker. Einige Zutaten dafür konnten sich aber zunächst nur die reichen Leute leisten. Erst zu Beginn des 19. Jahrhunderts, als der Zucker aus Rüben gewonnen werden konnte, gelangte das edle Backwerk mehr und mehr in die einfachen Stuben – zumindest an den hohen Festtagen. Gleich geblieben sind wiederum die Grundzutaten, die gute Plätzchen auch heute noch ausmachen.

JEDER WIE ER MAG

Im Norden, vor allem in den skandinavischen Ländern, entwickelte sich eine Vorliebe für üppiges Buttergebäck. In Frankreich, Italien und Österreich dagegen schätzt man vor allem feine Makronen ohne Butter und Mehl, dafür mit reichlich Nüssen. In den mediterranen Regionen, wo Mandeln, Pinienkerne, Feigen, aber auch Zitronen und Orangen gedeihen, wandern diese frisch oder kandiert in Plätzchen und Konfekt. Und in Amerika vereinten sich die Backtraditionen der Einwanderer und die Einflüsse aus dem gesamten Kontinent wiederum zu etwas Eigenem: »Keep it simple« lautet hier die Devise – die Christmas Cookies fallen besonders durch ihre bunte Deko ins Auge.

EINFACH DAS BESTE

Das schlichte Geheimnis guter Plätzchen sind ebenso gute Zutaten – egal woher sie stammen. Dabei also bitte nicht sparen, auch nicht der Figur zuliebe. An Weihnachten sollte niemand Kalorien zählen müssen, sondern ohne schlechtes Gewissen gute Butter und ausreichend Eier verwenden. Für meinen Geschmack haben Margarine oder Halbfettprodukte in der Backstube nichts verloren – wenn die Plätzchen butterzart, mürbe oder goldbraun knusprig werden sollen. Vor allem bei Nüssen und Mandeln sollte man nicht knausern. Besser schöne Exemplare verwenden, frisch mahlen und nur kurzfristig kühl und dunkel lagern. An Gewürzen braucht es nicht viel: Hauptsache Zimt und Vanille. Wer nicht noch Kardamom, Nelken oder andere »Spezereien« anschaffen will, kann bei Pfefferkuchen & Co. notfalls auch eine Lebkuchengewürzmischung unterrühren. Statt künstlichem Aroma aus dem Tütchen schmeckt die frisch abgeriebene Schale von Orangen und Zitronen einfach natürlicher. Am besten Bio-Früchte kaufen oder zumindest darauf achten, dass die Schale unbehandelt ist. Das Einzige, das man eher sparsam verwenden sollte, ist Mehl. Daher die Arbeitsfläche beim Ausrollen nur dünn bemehlen: Durch jeden Teigrest, den man wieder zusammenknetet, kommt mehr Mehl dazu, und das schmeckt man. Stattdessen den Teig wie angegeben ausreichend lange kühl stellen – dann klebt er auch weniger an der Unterlage und lässt sich einfacher verarbeiten. Sehr weiche Teige am besten vorab portionieren und den Teil, den man nicht sofort bearbeitet, weiter kühl stellen.

EIN BISSCHEN RUHE

Gut Ding will Weile haben, das sagte schon die Oma. Das gilt speziell beim Backen, denn hier

sollte es wirklich stressfrei zugehen. Am besten die Zutaten vorher schon in Ruhe abwiegen und bereitstellen, damit beim Rühren und Kneten alles rechtzeitig zur Hand ist. Danach brauchen die Teige unbedingt Ruhe und meistens auch kühle Temperaturen (vor allem bei einem hohen Butteranteil), um fest zu werden und damit sich die Zutaten optimal miteinander verbinden. So wird der Teig schön formbar und lässt sich gut ausstechen. Also an die angegebenen Zeiten halten oder den Teig einfach über Nacht ruhen lassen. Übrigens lassen sich buttrige Teige auch gut einfrieren (bis zu 4 Wochen) und aufgetaut verarbeiten. Wer lieber ohne Wartezeit drauflos backen will, kann sich an amerikanische Cookies halten: Sie werden meist schnell geknetet und ruckzuck mit einem Löffel oder von Hand geformt – der perfekte Backspaß für alle Last-Minute-Bäcker.

PLÄTZCHEN AUS MÜRBETEIG

250 g weiche Butter | 180 g Zucker | 1 Pck. Bourbon-Vanillezucker | 1 Ei | 400 g Mehl | 2 Eigelb | 1 EL Milch | Mehl für die Arbeitsfläche | Ausstecher

Für ca. 50 Stück | 40 Min. Zubereitungszeit | 2 Std. Kühlzeit | 12 Min. Backzeit pro Blech

Pro Stück ca. 85 kcal, 1 g E, 5 g F, 10 g KH

1 Weiche Butter, 60 g Zucker und Vanillezucker in einer Rührschüssel mit den Rührbesen des Handrührgeräts auf hoher Stufe weiß-cremig rühren.

2 Übrigen Zucker nach und nach unterrühren. Ei dazugeben und alles zu einer luftigen, weißlichen Masse verrühren. Das Mehl zügig mit einem Löffel unterrühren.

3 Den Teig von Hand locker und rasch zusammenkneten. Dafür am besten die Hände zuvor kalt waschen, damit der Teig nicht zu warm wird.

4 Den glatten Teig zu einer Kugel formen, in Frischhaltefolie einwickeln und dann 1 – 2 Std. im Kühlschrank ruhen lassen.

5 Backofen auf 175° vorheizen. Teig auf einer bemehlten Arbeitsfläche ca. 3 mm dick ausrollen. Plätzchen ausstechen und auf ein Blech mit Backpapier legen.

6 Übrigen Teig erneut ausrollen und ausstechen. Eigelbe mit Milch verquirlen, Plätzchen damit bestreichen. Im Ofen (Mitte) in 10 – 12 Min. goldgelb backen.

EIN TEIG – VIELE MÖGLICHKEITEN

Die Grundzutaten für Butter- oder Mürbeteigplätzchen sind immer gleich – aber für die Zubereitung gibt es unzählige Variationen. Damit der Teig perfekt gelingt, helfen ein paar Tricks:

GEKNETET ODER GERÜHRT?

Einen Mürbeteig können Sie mit dem Rührgerät (siehe linke Seite) oder komplett von Hand zubereiten. Für den Knetteig Mehl und Zucker auf die Arbeitsfläche geben, kalte Butter (direkt aus dem Kühlschrank) in Flöckchen schneiden, darauf verteilen und das Ei dazugeben. Alles mit einem großen Messer oder einer Palette gut durchhacken, zügig mit den Händen zu Bröseln verreiben und zusammenkneten. Das geht schneller und ist für manche Plätzchen perfekt geeignet (z. B. Shortbread). Allerdings lassen sich gerührte Mürbeteige leichter in Form bringen und behalten diese beim Backen auch besser!

GUT GERÜHRT IST HALB GEFORMT

Im Gegensatz zum Knetteig sollte die Butter für einen gerührten Mürbeteig schön weich sein, die Butter also rechtzeitig aus dem Kühlschrank nehmen. Den Zucker nach und nach zur Butter geben und rühren, bis er sich möglichst vollständig auflöst und die Masse dick und weiß-cremig wird. Auch die übrigen Zutaten, z. B. die Eier, sollten beim Rührteig Zimmertemperatur haben – nur so verbinden sie sich richtig mit dem Rest. Die Eier einzeln zugeben und gut unterrühren. Zuletzt das Mehl und die übrigen Zutaten rasch untermengen.

MÜRBE, ZART, LECKER

Nach dem Ruhen des Teigs im Kühlschrank empfiehlt es sich teilweise, die Plätzchen vor dem Backen nochmals kalt zu stellen, damit sie schön in Form bleiben. Ein kalter Winter-Balkon ist dafür ideal. Und: Je höher der Buttergehalt im Mürbeteig ist, desto weicher sind die Plätzchen, wenn man sie aus dem Ofen holt. Erst beim Abkühlen werden sie fester. Etwas Backpulver unters Mehl gemischt bewirkt einen dauerhaften, extrazarten Kick.
Für besondere Geschmacksnoten lässt sich das Mehl noch mit Gewürzen, Kakaopulver, gemahlenen Nüssen, Schokolade & Co. anreichern – ganz nach Rezept und Gusto. Oder Sie geben statt Vanillezucker frisch abgeriebene Zitronen- oder Orangenschale zur Buttermasse.

KLASSIKER AUS DER HEIMAT

Üppiges Buttergebäck, Makronen und andere Leckereien mit viel Zimt, Nüssen und Mandeln: Klassisches Weihnachtsgebäck aus Deutschland, Österreich und der Schweiz ist in der ganzen Welt berühmt. Darum gibt es hier die besten Plätzchen aus Omas Rezeptbuch – denn die kann man einfach nicht besser machen!

KOKOSMAKRONEN

Locker-luftig, außen knusprig und innen herrlich saftig – damit Makronen so gelingen, muss der Teig baden gehen. Und nicht vergessen: rühren, rühren und nochmals rühren.

⅓ Vanilleschote
200 g Zucker
½ Bio-Zitrone
4 Eiweiß
Salz
200 g Kokosraspel

Einfach perfekt

Für ca. 40 Stück | 25 Min. Zubereitungszeit | 25 Min. Backzeit pro Blech
Pro Stück ca. 50 kcal, 1 g E, 3 g F, 5 g KH

1 Vanilleschote längs halbieren, Mark herauskratzen und gleichmäßig unter den Zucker mischen. Zitrone heiß waschen und abtrocknen. Schale fein abreiben und Saft auspressen. Eiweiße und 1 Prise Salz in einer Schlag- oder Metallschüssel mit den Rührbesen des Handrührgeräts steif schlagen, gegen Ende Zitronensaft und -schale sowie nach und nach den Zucker unterschlagen.

2 Wenig Wasser in einem Topf zum Kochen bringen. Den Eischnee in der Schüssel über dem heißen Wasserbad mit den Rührbesen des Handrührgeräts weiterschlagen, bis eine glänzende, feste Baisermasse entsteht. Dabei darauf achten, dass die Masse nur handwarm wird. Schüssel vom Topf nehmen und die Masse weiterrühren, bis sie abgekühlt ist. Kokosraspel locker unterheben, dabei nur kurz rühren.

3 Backofen auf 150° vorheizen. Ein Backblech mit Backpapier oder -matte auslegen. Mithilfe von zwei Teelöffeln kleine Häufchen von der Kokosmasse abnehmen und rundliche oder längliche Makronen formen. Mit etwas Abstand auf das Blech legen. Im heißen Ofen (unten) 20 – 25 Min. backen, dabei sollten sie nicht bräunen. Erst auf dem Blech, dann auf einem Kuchengitter ganz auskühlen lassen.

TIPP **Für Walnussmakronen den Zitronensaft und die Zitronenschale weglassen und anstelle von Zucker dieselbe Menge Puderzucker verwenden. Statt der Kokosraspel 300 g grob gehackte Walnusskerne in den Teig geben. Nach Geschmack vor dem Backen noch jeweils ein Walnussviertel auf die Makronen setzen und vorsichtig festdrücken.**

SPITZBUBEN

Spitzbuben, auch Hildabrötchen genannt, schmecken herrlich fruchtig! Und: Die Füllung mit Gelee oder Konfitüre hält die Plätzchen auch in der Keksdose schön saftig.

200 g weiche Butter
100 g Puderzucker
1/3 Vanilleschote
2 Eigelb
200 g Mehl
100 gemahlene gehäutete Mandeln
Mehl für die Arbeitsfläche
Ausstecher
Puderzucker zum Bestäuben
150 g Johannisbeergelee (ersatzweise Himbeergelee)
1 EL Himbeergeist (ersatzweise Kirschgeist oder Zitronensaft)

Lieblingsplätzchen

Für ca. 40 Stück |
1 Std. Zubereitungszeit |
1 Std. Kühlzeit |
10 Min. Backzeit pro Blech
Pro Stück ca. 95 kcal,
1 g E, 6 g F, 9 g KH

1 Butter in Flöckchen schneiden und mit den Rührbesen des Handrührgeräts weiß-cremig rühren, dabei nach und nach Puderzucker dazugeben. Vanilleschote längs halbieren, Mark herauskratzen und dazugeben. Eigelbe einzeln unterrühren, bis die Masse luftig-leicht ist.

2 Mehl und Mandeln vermischen, zur Butter-Eigelb-Mischung geben und zügig mit einem Löffel verrühren. Mit den Händen zu einem glatten Teig zusammenkneten, dabei möglichst wenig Druck ausüben. Den Teig in Frischhaltefolie wickeln und anschließend ca. 1 Std. kühl stellen.

3 Backofen auf 175° vorheizen. Ein Backblech mit Backpapier oder -matte auslegen. Den Teig auf einer leicht bemehlten Arbeitsfläche ca. 3 mm dick ausrollen. Kreise (ca. 5 cm ∅) ausstechen und bei der Hälfte der Kreise zusätzlich kleine Motive (z. B. Kreise, Herzen, Sterne) ausstechen. Den übrigen Teig erneut ausrollen und Kreise ausstechen, bis er aufgebraucht ist. Die Kreise mit etwas Abstand auf das Blech legen. Im Ofen (Mitte) in 8 – 10 Min. leicht hellbraun backen. Herausnehmen und erst auf dem Blech, dann auf einem Kuchengitter abkühlen lassen.

4 Die Plätzchen mit Motiv zart mit Puderzucker bestäuben. Johannisbeergelee und Himbeergeist in einem kleinen Topf unter Rühren erhitzen und leicht abkühlen lassen. Gelee auf die Plätzchen ohne Motiv streichen, dabei rundherum einen kleinen Rand frei lassen. Plätzchen mit Motiv daraufsetzen und leicht andrücken. Nach Belieben das ausgestochene Motiv mit etwas Gelee auffüllen. Spitzbuben auf einem Kuchengitter fest werden lassen.

VANILLEKIPFERL

2 Vanilleschoten | 100 g gemahlene gehäutete Mandeln | 150 g Mehl | 150 g kalte Butter | 50 g Zucker | Salz | 2 Pck. Bourbon-Vanillezucker | 3 EL Puderzucker

Vanilliger geht's nicht

Für ca. 50 Stück | 35 Min. Zubereitungszeit | 1 Std. Kühlzeit | 20 Min. Backzeit pro Blech
Pro Stück ca. 55 kcal, 1 g E, 4 g F, 5 g KH

1 Die Vanilleschoten längs halbieren, das Mark herauskratzen und mit Mandeln und Mehl vermischen. Dabei alles zwischen den Händen so verreiben, dass sich das Vanillemark gut verteilt. Die Mischung auf eine Arbeitsfläche häufen. Die Butter in Flöckchen schneiden und mit dem Zucker und 1 Prise Salz darauf verteilen. Alles mit einem großen Messer krümelig klein hacken und zu einem Mürbeteig verkneten. Den Teig halbieren und zwei Rollen à 25 cm Länge formen. In Frischhaltefolie wickeln und ca. 1 Std. kühl stellen.

2 Backofen auf 150° vorheizen, Backblech mit Backpapier oder -matte auslegen. Teigrollen in ca. 1 cm breite Scheiben schneiden und diese zu fingerdicken, ca. 6 cm langen Röllchen mit spitzen Enden formen. Auf das Blech legen und dabei zu Hörnchen biegen. Im Ofen (Mitte) in 17 – 20 Min. hell backen.

3 Inzwischen Vanillezucker und Puderzucker in einem tiefen Teller mischen. Kipferl aus dem Ofen nehmen, lauwarm abkühlen lassen. Vorsichtig in der Zuckermischung wenden und auf einem Kuchengitter auskühlen lassen.

ZIMTSTERNE

4 Eiweiß | Salz | ½ Zitrone | 300 g Puderzucker | 2 TL Zimtpulver | 350 g gemahlene Mandeln | Stern-Ausstecher

Die dürfen nicht fehlen!

Für ca. 40 Stück | 30 Min. Zubereitungszeit | 20 Min. Backzeit pro Blech
Pro Stück ca. 85 kcal, 2 g E, 5 g F, 8 g KH

1 Eiweiße und 1 Prise Salz mit den Rührbesen des Handrührgeräts anschlagen. Zitrone auspressen und 1 knappen TL zum Eiweiß geben. Nach und nach Puderzucker unterschlagen, bis ein steifer, glänzender Eischnee entsteht. 5 EL abnehmen und kühl stellen.

2 Zimtpulver mit 300 g Mandeln mischen und unter den übrigen Eischnee mengen. Übrige Mandeln auf die Arbeitsfläche streuen und den Teig ca. 1 cm dick darauf ausrollen. Backblech mit Backpapier oder -matte auslegen. Sterne ausstechen, dabei den Ausstecher immer wieder in Wasser tauchen, damit der Teig nicht daran kleben bleibt. Übrigen Teig erneut ausrollen und weiter ausstechen. Die Sterne auf das Backblech legen.

3 Backofen auf 150° vorheizen. Den kühl gestellten Eischnee mit Messer, Backpalette oder Backpinsel auf die Oberfläche der Sterne streichen. Die Zimtsterne im Ofen (unten) 15 – 20 Min. backen. Erst auf dem Blech, dann auf einem Kuchengitter auskühlen lassen.

NUGAT-MOKKA-TROPFEN

Mokka und Gebäck gehören in Wien einfach zur Adventszeit. Noch besser, wenn der Kaffee gleich in den Plätzchenteig wandert: ein Keksklassiker aus Österreich!

125 g gemahlene Haselnusskerne
220 g weiche Butter
100 g Puderzucker
3 Eigelb
1 EL Instant-Espressopulver (ersatzweise lösliches Kaffeepulver)
200 g Mehl
¼ TL Zimtpulver
2 EL Kakaopulver
1 TL Backpulver
Mehl für die Arbeitsfläche
Ausstecher in Tropfenform
100 g schnittfestes Haselnuss-Nugat (aus dem Backregal)
100 g Zartbitter-Kuvertüre

Die Mühe lohnt sich

Für ca. 40 Stück | 1 Std. Zubereitungszeit | 1 Std. Kühlzeit | 10 Min. Backzeit pro Blech
Pro Stück ca. 125 kcal, 2 g E, 9 g F, 10 g KH

1 Die gemahlenen Haselnusskerne in einer Pfanne ohne Fett bei mittlerer Hitze rösten, bis sie leicht bräunen und duften. Abkühlen lassen. Butter in Flöckchen schneiden und mit den Rührbesen des Handrührgeräts weiß-cremig rühren, dabei nach und nach den Puderzucker zugeben. Eigelbe einzeln unterrühren, bis die Masse luftig-leicht wird. Espressopulver in 1 EL heißem Wasser auflösen und unterrühren.

2 Mehl, Zimt, Kakaopulver und Backpulver mit den gerösteten Haselnüssen vermischen und zügig mit einem Löffel unter die Butter-Eigelb-Masse rühren. Teig ohne Druck zu einer Kugel rollen. In Frischhaltefolie wickeln und ca. 1 Std. kühl stellen.

3 Backofen auf 175° vorheizen, Backblech mit Backpapier oder -matte auslegen. Den Teig auf einer leicht bemehlten Arbeitsfläche ca. 3 mm dick ausrollen und Tropfen ausstechen. Den übrigen Teig erneut ausrollen und ausstechen, bis er aufgebraucht ist. Die Tropfen mit etwas Abstand auf das Blech legen. Im Ofen (Mitte) 8 – 10 Min. backen. Erst auf dem Blech, dann auf einem Kuchengitter auskühlen lassen.

4 Haselnuss-Nugat über dem heißen Wasserbad schmelzen. Je einen Tropfen auf der Unterseite mithilfe eines Messers mit der Nugatmasse bestreichen, dann einen zweiten Tropfen mit der Unterseite darauf festkleben. Auf einem Kuchengitter fest werden lassen. Kuvertüre über dem heißen Wasserbad schmelzen. Die Tropfen jeweils mit der unteren Hälfte in die Kuvertüre eintauchen, abtropfen lassen und mit der glasierten Seite nach oben auf ein Kuchengitter legen, bis die Glasur fest geworden ist.

BASLER BRUNSLI

100 g Zartbitter-Schokolade | 300 g gemahlene Mandeln | 250 g Puderzucker | 1 TL Kakaopulver | 1/3 TL Zimtpulver | 1 Prise Nelkenpulver | 2 Eiweiß | Salz | 3 EL Kirschwasser | mittelkörniger Zucker für die Arbeitsfläche | Ausstecher (z. B. Blüten, Monde, Sterne, Herzen)

Am besten mit Schwyzer Schoggi

Für ca. 50 Stück | 35 Min. Zubereitungszeit | 1 Std. Kühlzeit | 12 Std. Trocknungszeit | 8 Min. Backzeit pro Blech
Pro Stück ca. 70 kcal, 2 g E, 4 g F, 7 g KH

1 Zartbitter-Schokolade in Stücke brechen und über dem heißen Wasserbad schmelzen. Inzwischen 250 g Mandeln, Puderzucker, Kakao, Zimt und Nelkenpulver vermischen. Die Eiweiße und 1 Prise Salz mit den Rührbesen des Handrührgeräts steif schlagen.

2 Eischnee unter die Mandelmischung heben. Mit der leicht abgekühlten Schokolade und dem Kirschwasser zu einem formbaren Teig verkneten, bei Bedarf restliche Mandeln zugeben. Teig zu einer Kugel rollen, in Frischhaltefolie wickeln und ca. 1 Std. kühl stellen.

3 Backblech mit Backpapier oder -matte auslegen. Zucker auf die Arbeitsfläche streuen, Teig ca. 1 cm dick darauf ausrollen. Dabei die Teigplatte gegen Ende vorsichtig wenden, nochmals Zucker auf die Arbeitsfläche streuen und den Teig fertig ausrollen. Plätzchen ausstechen. Übrigen Teig erneut auf etwas Zucker ausrollen und weiter ausstechen. Plätzchen auf dem Backblech bei Zimmertemperatur ca. 12 Std. ohne Abdeckung trocknen lassen. Backofen auf 200° vorheizen. Brunsli im Ofen (Mitte) 5–8 Min. backen, sodass sie noch weich sind. Abkühlen lassen.

HASELNUSSBÄLLCHEN

250 g gemahlene Haselnusskerne | 250 g Zucker | 4 Eiweiß | Salz | mittelkörniger Zucker zum Wälzen | ca. 40 Haselnusskerne

Die beliebten Makronen in Bällchenform

Für ca. 40 Stück | 30 Min. Zubereitungszeit | 25 Min. Backzeit pro Blech
Pro Stück ca. 80 kcal, 1 g E, 4 g F, 8 g KH

1 Die gemahlenen Haselnusskerne und den Zucker gründlich vermischen. Die Eiweiße und 1 Prise Salz mit den Rührbesen des Handrührgeräts zu steifem Eischnee schlagen. Dabei gegen Ende nach und nach etwa die Hälfte der Nuss-Zucker-Mischung einrieseln lassen. Zuletzt die restliche Hälfte unterheben.

2 Den Backofen auf 175° vorheizen. Ein Backblech mit Backpapier oder -matte auslegen. Den Zucker zum Wälzen in einen tiefen Teller geben. Die Hände mit Wasser anfeuchten. Mit einem Teelöffel jeweils eine walnussgroße Menge Teig abstechen und mit den Händen runde Bällchen formen. Die Bällchen im Zucker wälzen und mit reichlich Abstand auf das Blech legen.

3 Je 1 Haselnusskern in die Mitte der Bällchen setzen und leicht andrücken. Die Haselnussbällchen im Ofen (Mitte) 20 – 25 Min. backen. Herausnehmen und zuerst auf dem Blech, dann auf einem Kuchengitter abkühlen lassen.

WIENER HERZOGINNEN-PLÄTZCHEN

4 Eiweiß | Salz | 150 g Zucker | 1 Pck. Bourbon-Vanillezucker | 60 g Butter | 150 g gemahlene Haselnusskerne | 40 g Mehl | 80 g Vollmilch-Schokolade | Spritzbeutel mit Lochtülle (Größe 10)

Supernussig

Für ca. 25 Stück | 35 Min. Zubereitungszeit | 12 Min. Backzeit pro Blech
Pro Stück ca. 105 kcal, 2 g E, 7 g F, 10 g KH

1 Eiweiße und 1 Prise Salz mit den Rührbesen des Handrührgeräts fast steif schlagen. Nach und nach Zucker und Vanillezucker einrieseln lassen und zu einer festen Baisermasse schlagen. Butter in einem kleinen Topf schmelzen. Haselnusskerne und Mehl mischen und unter die Baisermasse heben. Heiße Butter unterrühren.

2 Backofen auf 175° vorheizen, Backblech mit Backpapier oder -matte auslegen. Teig in einen Spritzbeutel füllen und für jedes Plätzchen etwas Teig in zwei bis drei Schwüngen wellenförmig von links nach rechts und zurück, dicht an dicht, aufs Blech spritzen. Die Plätzchen sollten 3–4 cm breit und 4–5 cm lang sein. Im Ofen (Mitte) in 10–12 Min. hell backen. Erst auf dem Blech, dann auf einem Kuchengitter abkühlen lassen.

3 Schokolade in Stücke brechen und über dem heißen Wasserbad schmelzen. Die Hälfte der Plätzchen auf der Unterseite mit Schokolade bestreichen und sofort mit der Unterseite eines zweiten Plätzchens zusammenkleben. Schokolade fest werden lassen.

BASLER LECKERLI

In der deutschsprachigen Schweiz besitzt fast jede Region ihr eigenes Lebkuchenrezept. Besonders gefragt ist diese Variante mit Mandeln, Nüssen und kandierten Früchten.

120 g Mandeln
120 g Haselnusskerne
80 g Walnusskerne
100 g Zitronatwürfel
100 g Orangeatwürfel
500 g aromatischer Honig (z. B. Waldhonig)
300 g Zucker
1 Bio-Zitrone
2 TL Zimtpulver
½ TL Nelkenpulver
100 ml Kirschwasser
600 g Mehl
200 g Puderzucker

Schweizer Honigkuchen

Für ca. 72 Stück | 35 Min. Zubereitungszeit | 12 Std. Trocknungszeit | 20 Min. Backzeit
Pro Stück ca. 120 kcal, 2 g E, 3 g F, 21 g KH

1 Mandeln, Haselnuss- und Walnusskerne grob mahlen oder hacken. Zitronat und Orangeat feiner hacken. Honig und Zucker in einen kleinen Topf geben und unter Rühren bei mittlerer Hitze erwärmen, bis der Zucker geschmolzen ist.

2 Die Zitrone heiß waschen, abtrocknen und die Schale fein abreiben. Mit Nüssen, Zitronat, Orangeat und Gewürzen zur Honigmasse geben und unterrühren. Das Kirschwasser und etwa die Hälfte des Mehls unter Rühren dazugeben. Alles gut vermengen, vom Herd nehmen und etwas abkühlen lassen.

3 Backblech mit Backpapier auslegen. Das übrige Mehl auf die Arbeitsfläche geben und in der Mitte eine Mulde hineindrücken. Die Honigmasse hineingießen und alles zügig mit den Händen zu einem zähen, dicken Teig verkneten. Den noch warmen Teig ca. 5 mm dick auf dem Backblech ausrollen und mit einem großen Messer in ca. 3 × 4 cm große Rechtecke schneiden. Mit einem sauberen Geschirrtuch abdecken und über Nacht bei Zimmertemperatur trocknen lassen.

4 Am nächsten Tag den Backofen auf 200° vorheizen. Die Leckerli im heißen Ofen (Mitte) in 15–20 Min. goldbraun backen. Inzwischen den Puderzucker mit 150 ml Wasser in einem Topf verrühren und in 3–4 Min. bei großer Hitze sirupartig einkochen, dann vom Herd nehmen. Die Leckerli etwas abkühlen lassen und noch warm mit der Zuckerglasur einpinseln. Mit einem großen, scharfen Messer an den Bruchkanten auseinanderschneiden und ganz auskühlen lassen.

GOD JUL

NORDISCHE

ZUCKERSTÜCKCHEN

Spricht man in Skandinavien von »hyggelig«, dann wird's gemütlich. Zum Beispiel mit würzigen Pfefferkuchen, feinem Buttergebäck oder beschwipsten Punschrollen. Die machen warm ums Herz, wenn's draußen stürmt und schneit. Da fehlt nur noch ein heißer Tee aus dem blubbernden russischen Samowar.

RUSSISCHE KOLACHKI

Dieser einfache Teig mit Frischkäse lässt sich wunderbar ausrollen und formen. Der Trick dabei: vorher lange genug kühl stellen!

Für den Teig:
250 g Mehl
Salz
125 g weiche Butter
200 g Doppelrahmfrischkäse
1 Eigelb
Für die Füllung:
1 EL Zitronatwürfel
100 g Sahne
60 g Honig
80 g gemahlene Mohnsamen
1 EL Weizengrieß
1 Ei
Außerdem:
Mehl für die Arbeitsfläche

Die Krönung zum Adventstee

Für ca. 50 Stück |
1 Std. 10 Min. Zubereitungszeit |
4 Std. Kühlzeit |
15 Min. Backzeit pro Blech
Pro Stück ca. 70 kcal,
1 g E, 5 g F, 6 g KH

1 Für den Teig das Mehl mit ½ TL Salz in einer Rührschüssel vermischen. Die Butter in Flöckchen, den Frischkäse und das Eigelb dazugeben und mit den Knethaken des Handrührgeräts glatt kneten. Den Teig zu einer Kugel rollen, in Frischhaltefolie wickeln und ca. 4 Std. kühl stellen.

2 Inzwischen für die Füllung das Zitronat fein hacken. Sahne mit Honig in einem kleinen Topf unter Rühren aufkochen. Mohn und Grieß einrühren und alles in 2 – 3 Min. unter Rühren zu einem Brei kochen. Das Zitronat untermengen und die Mischung abkühlen lassen. Das Ei trennen und das Eigelb unter den abgekühlten Brei rühren. Das Eiweiß verquirlen und beiseitestellen.

3 Backofen auf 180° vorheizen, Backblech mit Backpapier oder -matte auslegen. Teig auf einer bemehlten Arbeitsfläche ca. 5 mm dick und möglichst quadratisch ausrollen. In ca. 5 × 5 cm große Quadrate schneiden und mit etwas Abstand auf das Blech legen.

4 Je 1 knappen TL Mohnmasse in die Mitte der Quadrate geben und die zwei gegenüberliegenden Teigecken darüberschlagen. Dabei die Teigecken mit dem beiseitegestellten Eiweiß aufeinanderkleben und vorsichtig festdrücken. Die Kolachki im Ofen (Mitte) in 12 – 15 Min. hellgelb backen.

TIPP **Kolachki kennt man mit verschiedenen Füllungen, z. B. mit einer Nussmasse oder einfach mit Konfitüre. Dafür 150 g Aprikosenkonfitüre mit 2 EL Aprikosengeist (nach Belieben) erhitzen. 1 TL Stärke mit 2 EL Wasser verrühren, dazugießen und einmal aufkochen lassen. Abkühlen lassen.**

SCHWEDISCHE ZIMTSCHNECKEN

250 g Mehl | Salz | 150 g kalte Butter | 80 g saure Sahne | 120 g Zucker | 1 EL Zimtpulver | 1/4 TL gemahlener Kardamom | Mehl für die Arbeitsfläche

Ruckzuck ohne Hefe gemacht

Für ca. 25 Stück | 20 Min. Zubereitungszeit | 2 Std. Kühlzeit | 15 Min. Backzeit
Pro Stück ca. 105 kcal, 1 g E, 5 g F, 13 g KH

1 Das Mehl in einer Schüssel oder auf der Arbeitsfläche mit 1 Prise Salz mischen. Butter in Flöckchen schneiden, dazugeben und mit einem Messer leicht unterhacken. Die saure Sahne dazugeben und alles weiter krümelig hacken. Mit den Händen rasch ohne Druck zusammenkneten. Zu einer Kugel formen, in Frischhaltefolie wickeln und ca. 1 Std. kühl stellen.

2 Zucker und Gewürze vermischen. Den Teig auf einer leicht bemehlten Arbeitsfläche zu einem Rechteck von ca. 30 × 40 cm ausrollen. Den Gewürzzucker gleichmäßig daraufstreuen und den Teig von der breiten Seite her fest aufrollen. In Frischhaltefolie wickeln und ca. 1 Std. kühl stellen.

3 Backofen auf 200° vorheizen, Backblech mit Backpapier oder -matte auslegen. Teigrolle mit einem scharfen Messer in 7–8 mm dicke Scheiben schneiden. Auf das Blech legen, dabei schön rund formen und die Enden festdrücken. Im Ofen (Mitte) ca. 15 Min. backen. Erst auf dem Blech, dann auf einem Kuchengitter auskühlen lassen.

ZUCKERSCHLEIFEN

1 hart gekochtes Ei | 1 Ei | 75 g Zucker | 1 Pck. Bourbon-Vanillezucker | Salz | 100 g weiche Butter | 150 g Mehl | bunte Zuckerperlen (ersatzweise Hagelzucker) zum Bestreuen

»Berlinerkranser« aus Norwegen

Für ca. 40 Stück | 35 Min. Zubereitungszeit | 30 Min. Kühlzeit | 15 Min. Backzeit pro Blech
Pro Stück ca. 45 kcal, 1 g E, 2 g F, 5 g KH

1 Gekochtes Ei halbieren, Eigelb herauslösen und mit einem Löffel durch ein feines Sieb in eine Rührschüssel streichen (Eiweiß anderweitig verwenden). Frisches Ei trennen und das frische Eigelb zum gekochten geben, Eiweiß beiseitestellen. Zucker, Vanillezucker und 1 Prise Salz nach und nach dazugeben, dabei die Mischung mit den Rührbesen des Handrührgeräts weiß-cremig rühren.

2 Butter in Flöckchen mit dem Mehl zur Zuckermasse geben, von Hand zügig zusammenkneten. Vier gleich große Rollen formen und diese in jeweils zehn Stücke schneiden. Daraus je ca. 10 cm lange Röllchen formen. Zu einem Kreis zusammenlegen, sodass sich die Enden wie bei einer Schleife überkreuzen. Plätzchen ca. 30 Min. kühl stellen.

3 Den Backofen auf 180° vorheizen, Backblech mit Backpapier oder -matte auslegen. Das beiseitegestellte Eiweiß verquirlen. Die Plätzchen damit bestreichen und kurz in die Zuckerperlen drücken. Im Ofen (Mitte) in 12 – 15 Min. goldgelb backen, dann abkühlen lassen.

DÄNISCHE PFEFFERNÜSSE

100 g weiche Butter | 100 g brauner Zucker | 1 Ei (Größe L) | 3 EL Sahne | 250 g Mehl | ¼ TL Backpulver | Salz | 2 TL Zimtpulver | 1 TL Ingwerpulver | 1 TL gemahlener Kardamom | ⅛ TL gemahlener weißer Pfeffer

Original »Pebernødder«

Für ca. 120 Stück | 25 Min. Zubereitungszeit |
10 Min. Backzeit pro Blech
Pro Stück ca. 20 kcal, 0,3 g E, 1 g F, 2 g KH

1 Die Butter in Flöckchen schneiden und mit den Rührbesen des Handrührgeräts weiß-cremig rühren. Dabei nach und nach den braunen Zucker unterrühren, bis die Masse luftig-cremig ist. Das Ei und die Sahne dazugeben und weiterrühren.

2 Mehl, Backpulver, 1 Prise Salz und Gewürze vermischen und rasch unter die Buttermasse rühren. Backofen auf 200° vorheizen, Backblech mit Backpapier oder -matte auslegen.

3 Aus dem Teig vier ca. 2 cm dicke Rollen formen. Diese in ca. 2 cm dicke Stücke schneiden und zu kleinen Kugeln rollen. Mit etwas Abstand auf das Backblech legen und im Ofen (Mitte) 8 – 10 Min. backen.

TIPP

Für noch mehr Pep die gebackenen Pfeffernüsse in weiße Kuvertüre tauchen und mit zerstoßenem rosa Pfeffer bestreuen.

BRUNE KAGER

Die »braunen Kuchen« sind im dänischen Original dünn und knusprig, und genau das macht sie aus. Ihr würziges Aroma wird nach einigen Tagen in der Blechdose noch intensiver.

125 g Butter
60 g heller Zuckersirup (ersatzweise flüssiger Honig)
125 g brauner Zucker
250 g Mehl
1 ½ TL Zimtpulver
1 TL Ingwerpulver
½ TL Nelkenpulver
½ TL gemahlener Piment
1 TL Pottasche
25 g Zitronatwürfel
25 g Orangeatwürfel
60 g Mandeln
25 g Pistazienkerne

Schnelle Lebkuchen

Für ca. 60 Stück | 45 Min. Zubereitungszeit | 12 Std. Kühlzeit | 10 Min. Backzeit pro Blech
Pro Stück ca. 50 kcal, 1 g E, 3 g F, 7 g KH

1 Die Butter in Stücke schneiden und mit Zuckersirup und Zucker in einen kleinen Topf geben. Bei mittlerer Hitze unter Rühren aufkochen, bis der Zucker sich fast vollständig aufgelöst hat. Vom Herd nehmen und lauwarm abkühlen lassen.

2 Inzwischen Mehl und Gewürze in einer Schüssel vermischen. Die Pottasche in 2 EL lauwarmem Wasser unter Rühren auflösen. Zitronat und Orangeat so fein wie möglich hacken und mit Mandeln und Pistazien unter die lauwarme Zuckermischung rühren.

3 Die Zuckermasse zur Mehlmischung geben und die aufgelöste Pottasche dazugießen. Erst mit einem Kochlöffel verrühren, dann von Hand zu einem festen Teig verkneten. Den Teig in eine rechteckige (Gefrier-)Plastikbox drücken und über Nacht in einem kühlen Zimmer oder im Kühlschrank ruhen lassen.

4 Am nächsten Tag den Backofen auf 180° vorheizen, ein Backblech mit Backpapier oder -matte auslegen. Den Teig aus der Form lösen und mit einem großen, scharfen Messer längs in zwei rechteckige Blöcke schneiden. Diese in möglichst dünne Scheiben (2 – 3 mm Dicke) schneiden. Teigscheiben auf das Backblech legen und im Ofen (Mitte) 8 – 10 Min. backen. Erst auf dem Blech, dann auf einem Kuchengitter ganz auskühlen lassen.

SCHWEDISCHE PUNSCHROLLEN

Punschrollen gehören zu Schweden wie Elche, Pippi Langstrumpf oder Köttbullar. Aber auch bei uns leckt man sich die Finger nach den köstlichen »Dammsugare«!

Für die Füllung:
60 g weiche Butter
40 g Zucker
1 Ei
80 g Mehl
½ TL Backpulver
2 TL Kakaopulver
1 TL Lebkuchengewürz
2 EL Rum
Für die Rollen:
50 g Zartbitter-Kuvertüre
350 g Marzipanrohmasse
25 g weiche Butter
2 EL Rum
50 g Puderzucker
rosa oder grüne Speisefarbe
60 g dunkle Kuchenfettglasur (Fertigprodukt)
rosa oder grüne Zuckerperlen zum Bestreuen
Außerdem:
Kastenform (ca. 18 cm, ersatzweise Springform, ca. 20 cm ∅)
Butter für die Form

Mit Marzipan umhüllt

Für ca. 18 Stück | 1 Std. 30 Min. Zubereitungszeit | 12 Std. Ruhezeit | 25 Min. Backzeit
Pro Stück ca. 225 kcal, 3 g E, 13 g F, 20 g KH

1 Für die Füllung am Vortag einen Kuchen backen. Dazu den Backofen auf 180° vorheizen. Die Butter mit den Rührbesen des Handrührgeräts weiß-cremig rühren, dabei nach und nach den Zucker zugeben. Das Ei gut unterrühren. Das Mehl mit Backpulver, Kakao und Lebkuchengewürz vermischen. Die Mehlmischung mit dem Rum zügig unter die Buttermasse rühren. Die Kuchenform mit etwas Butter fetten. Teig in die Form füllen und im Ofen (Mitte) 20–25 Min. backen. Kurz abkühlen lassen und aus der Form stürzen. Über Nacht ruhen lassen.

2 Am nächsten Tag den Kuchen mit den Händen fein zerbröseln. Für die Rollen die Kuvertüre grob hacken und über dem heißen Wasserbad schmelzen. Inzwischen 50 g Marzipanrohmasse auf einer Rohkostreibe fein raspeln und mit der Butter in Flöckchen mit den Rührbesen des Handrührgeräts cremig rühren. Geschmolzene Kuvertüre und Rum unterrühren, dann die Kuchenbrösel untermengen. Von Hand zu einer glatten Kugel kneten und kühl stellen.

3 Die übrige Marzipanrohmasse mit Puderzucker verkneten und dabei Speisefarbe zugeben, bis die Farbe nach Wunsch ist. Portion halbieren und die Hälften auf Backpapier zu zwei Längsstreifen von jeweils ca. 36 × 8 cm ausrollen.

4 Den Kuchenteig zu zwei Rollen à 36 cm Länge formen. Jeweils auf ein Marzipanrechteck legen und dieses mithilfe des Backpapiers aufrollen, an der Kante leicht festdrücken. Die Rollen in ca. 4 cm breite Stücke schneiden. Kuchenglasur nach Packungsanweisung schmelzen. Die Punschrollen mit den Enden ca. 5 mm tief eintauchen. Kurz abtropfen lassen, mit Zuckerperlen bestreuen und auf Backpapier trocknen lassen.

TIPP

Einfacher lassen sich die Kuchenrollen in eine fertige (runde) Marzipan-Tortendecke einschlagen. Dafür drei ca. 8 cm breite und ca. 32 cm lange Streifen ausschneiden, dabei je nach vorhandener Länge einkürzen oder leicht überlappend zu längeren Streifen zusammendrücken. Kuchenteig zu drei Rollen à 32 cm formen und wie beschrieben einrollen und verzieren.

MEDITERRANE WEIHNACHTSGRÜSSE

Zwar wachsen am Mittelmeer häufiger Pinien als Tannenbäume, dennoch lieben auch unsere Nachbarn im südlichen Europa weihnachtliches Gebäck. Am besten mit typischen Zutaten wie Zitronen, Orangen, Feigen, Anis oder eben Pinienkernen – die zaubern Sonne und Urlaubsstimmung auf den Plätzchenteller!

FRÜCHTE-CANTUCCINI

Die beliebten Mandelkekse dippt man in Italien gerne in Espresso oder in den Dessertwein Vin Santo. Hier kommen zwei Varianten: mit kandierten Früchten und mit Schoko-Haselnuss.

75 g kandierte Früchte (z. B. Orangen, Kirschen)
2 Eier
150 g Zucker
1 Pck. Bourbon-Vanillezucker
1 Bio-Zitrone
250 g Mehl
150 g Mandeln

Den Süden genießen

Für ca. 50 Stück | 35 Min. Zubereitungszeit | 30 Min. Backzeit
Pro Stück ca. 55 kcal, 1 g E, 2 g F, 8 g KH

1 Kandierte Früchte grob hacken. Die Eier mit Zucker und Vanillezucker mit den Rührbesen des Handrührgeräts weiß-cremig rühren. Zitrone heiß waschen, abtrocknen und 1 TL Schale fein abreiben. Mit Mehl, Früchten und Mandeln unter die Ei-Zucker-Masse kneten.

2 Den Backofen auf 200° vorheizen, Backblech mit Backpapier oder -matte auslegen. Den Teig in fünf gleich große Portionen teilen und daraus jeweils ca. 15 cm lange Rollen formen. Die Rollen mit ca. 7 cm Abstand zueinander auf das Blech legen und im Ofen (Mitte) 18 – 20 Min. backen.

3 Die Teigrollen etwas abkühlen lassen und die Ofentemperatur auf 160° reduzieren. Die Gebäckrollen mit einem scharfen Messer in ca. 2 cm dicke Scheiben schneiden. Plätzchen wieder auf das Blech legen und in weiteren 10 Min. goldbraun backen.

VARIANTE

SCHOKO-HASELNUSS-CANTUCCINI

200 g Haselnusskerne auf einem Blech ca. 10 Min. im 200° heißen Ofen rösten. In ein Geschirrtuch wickeln, die Nüsse darin fest gegeneinanderreiben und die Nusshäute herauslesen. 50 g Zartbitter-Schokolade mit 30 g Butter über dem heißen Wasserbad schmelzen. 250 g Mehl, 1 TL Backpulver, ½ TL Zimtpulver und 180 g Zucker auf einer Arbeitsfläche vermischen. Eine Mulde hineindrücken, 2 Eier und die Schokomasse hineingeben. Alles mit einem großen, scharfen Messer durchhacken. Rasch zusammenkneten und dabei die Nüsse untermengen. Anschließend wie im Rezept oben formen und backen.

buon natale

PINIENHÖRNCHEN

½ Bio-Orange | 300 g gemahlene gehäutete Mandeln | 150 g Zucker | 2 Eiweiß (Größe L) | Salz | 2 EL Aprikosenkonfitüre (ohne Stücke) | 1 Fläschchen Bittermandelaroma (8 ml) | 200 g Pinienkerne

»Pignolats« aus der Provence

Für ca. 40 Stück | 25 Min. Zubereitungszeit | 30 Min. Backzeit pro Blech
Pro Stück ca. 95 kcal, 2 g E, 7 g F, 6 g KH

1 Die Orange heiß waschen, abtrocknen und die Schale fein abreiben. Mit Mandeln und Zucker in eine große Schüssel geben und alles mit den Händen untereinanderreiben. Die Eiweiße und 1 Prise Salz mit den Rührbesen des Handrührgeräts in einer hohen Rührschüssel zu steifem, glänzendem Eischnee schlagen.

2 Den Backofen auf 175° vorheizen, Backblech mit Backpapier oder -matte auslegen. Eischnee und Konfitüre auf die Mandel-Zucker-Mischung geben, Bittermandelaroma darüberträufeln und alles zügig mit einem Löffel vermengen.

3 Pinienkerne in einen tiefen Teller geben. Vom Teig jeweils 1 guten TL abnehmen und zügig mit den Händen zu einer knapp 10 cm langen Rolle formen. Die Röllchen mit der Oberseite in die Pinienkerne drücken und diese leicht im Teig festdrücken. Die Röllchen auf das Backblech legen und dabei zu Hörnchen biegen. Im heißen Ofen (Mitte) in 25 – 30 Min. goldbraun backen. Abkühlen lassen.

MANTECADOS

250 g Mehl | 50 g gemahlene gehäutete Mandeln | 150 g weiches Schweineschmalz (ersatzweise Butter) | 130 g Zucker | 1 Pck. Bourbon-Vanillezucker | ¼ TL Anissamen | 1 TL Zimtpulver | 2 EL Weißwein | Mehl für die Arbeitsfläche | runder Ausstecher (ca. 5 cm ∅) | Puderzucker zum Bestäuben

Spanischer Weihnachtsklassiker

Für ca. 20 Stück | 25 Min. Zubereitungszeit | 30 Min. Backzeit
Pro Stück ca. 155 kcal, 2 g E, 9 g F, 17 g KH

1 Mehl und Mandeln in eine Pfanne geben und bei mittlerer Hitze unter Rühren hellbraun rösten. Abkühlen lassen.

2 Schmalz mit den Rührbesen des Handrührgeräts hell-cremig rühren, dabei nach und nach den Zucker und Vanillezucker untermengen. Anissamen grob mörsern, mit Zimt und Weißwein zum Schmalz geben und weiter cremig rühren. Mehl-Mandel-Mischung dazugeben und erst mit einem Löffel, dann mit den Händen zügig zu einem sehr krümeligen Teig verkneten.

3 Backofen auf 175° vorheizen, Backblech mit Backpapier oder -matte auslegen. Den Teig auf einer bemehlten Arbeitsfläche behutsam ca. 1 cm dick ausrollen und runde Plätzchen ausstechen. Übrigen Teig erneut ausrollen und weiter ausstechen. Plätzchen auf das Backblech legen und im Ofen (Mitte) 25 – 30 Min. backen. Auf dem Blech abkühlen lassen. Mit Puderzucker bestäuben.

TIPP

Schweineschmalz verleiht diesen Plätzchen ihre besonders mürbe, pulvrige Konsistenz.

LIMONCELLO-KUGELN

1 Bio-Zitrone | 125 g weiche Butter | 100 g Zucker | 1 Ei | 50 ml Limoncello (siehe Tipp) | 250 g Mehl | 1 TL Backpulver | Zucker zum Wälzen | Puderzucker zum Wälzen

Perfekt zum Latte macchiato

Für ca. 30 Stück | 25 Min. Zubereitungszeit | 1 Std. Kühlzeit | 15 Min. Backzeit
Pro Stück ca. 95 kcal, 1 g E, 4 g F, 13 g KH

1 Die Zitrone heiß waschen, abtrocknen und die Schale fein abreiben. Die Butter in Flöckchen schneiden und mit den Rührbesen des Handrührgeräts weiß-cremig rühren. Dabei nach und nach Zucker und Zitronenabrieb zugeben. Ei und Limoncello unterrühren.

2 Das Mehl mit dem Backpulver mischen. Zuerst mit einem Löffel, dann von Hand ohne Druck unter die Buttermischung mengen. Den Teig zu einer Kugel formen, in Frischhaltefolie wickeln und ca. 1 Std. kühl stellen.

3 Backofen auf 175° vorheizen, Backblech mit Backpapier auslegen. Zucker und Puderzucker jeweils in einen tiefen Teller geben. Mit einem Löffel walnussgroße Stücke vom Teig abnehmen und sanft zu Kugeln formen. Erst in Zucker, dann in reichlich Puderzucker wälzen. Mit etwas Abstand auf das Blech legen und im Ofen (Mitte) 12 – 15 Min. backen, sodass die Kugeln unten leicht gebräunt und oben noch hell sind. Abkühlen lassen.

TIPP

Probieren Sie anstelle von Zitronenlikör (Limoncello) Orangensaft und statt Zitronenschale Orangenschale – das ergibt fruchtige Orangenbällchen.

FRANZÖSISCHE NUSS-STANGEN

80 g gemahlene Haselnüsse | 80 g Haselnüsse | 60 g Zartbitter-Schokolade | 2 EL Zitronatwürfel | 100 g weiche Butter | 100 g Zucker | 1 Ei | 120 g Mehl | 100 g Puderzucker | 3 EL Rum (ersatzweise Wasser)

Schnelles Last-Minute-Gebäck

Für ca. 30 Stück | 25 Min. Zubereitungszeit | 1 Std. Kühlzeit | 20 Min. Backzeit
Pro Stück ca. 120 kcal, 1 g E, 7 g F, 11 g KH

1 Die gemahlenen Haselnüsse in einer kleinen Pfanne rösten, bis sie leicht bräunen und duften. Abkühlen lassen. Ganze Haselnüsse grob hacken, Schokolade fein reiben und Zitronat fein hacken.

2 Butter in Stücke schneiden und mit den Rührbesen des Handrührgeräts weiß-cremig rühren, dabei nach und nach den Zucker zugeben. Ei gründlich unterrühren. Mehl, gemahlene und gehackte Nüsse, Schokolade und Zitronat vermischen und zügig unter die Buttermasse rühren. Teig zu einer Kugel formen, in Frischhaltefolie wickeln und ca. 1 Std. kühl stellen.

3 Backofen auf 180° vorheizen. Den Teig auf Backpapier zu einem Quadrat von ca. 20 × 20 cm ausrollen (ca. 1 cm dick) und samt Papier auf ein Backblech ziehen. Im Ofen (Mitte) ca. 20 Min. backen. Leicht abkühlen lassen.

4 Inzwischen aus dem Puderzucker und dem Rum eine Glasur anrühren, den noch warmen Teig damit bestreichen. Vollständig abkühlen lassen und mit einem scharfen Messer in ca. 7 × 2 cm große Stangen schneiden.

FEIGENRÖLLCHEN

Damit holen Sie die Mittelmeersonne auf den Plätzchenteller! Gefüllt mit Feigen, Walnüssen und Honig machen diese Röllchen garantiert Lust auf Meer.

Für den Teig:
250 g Mehl
50 g weiche Butter
25 g Zucker
Salz
Mehl für die Arbeitsfläche

Für die Füllung:
350 g Soft-Feigen
100 g Walnüsse
2 EL flüssiger Honig
3 EL Rum (ersatzweise Orangensaft)
1 Ei
1 EL Milch

Supersaftig

Für ca. 50 Stück | 35 Min. Zubereitungszeit | 4 Std. Kühlzeit | 25 Min. Backzeit
Pro Stück ca. 65 kcal, 1 g E, 2 g F, 9 g KH

1 Für den Teig das Mehl in eine Rührschüssel geben. Butter in Flöckchen, Zucker und 1 Prise Salz dazugeben. Zuerst mit den Knethaken des Handrührgeräts vermengen, dabei nach und nach 80 – 100 ml Wasser dazugießen, dann mit den Händen glatt kneten. Aus dem Teig eine Kugel formen, in Frischhaltefolie wickeln und ca. 4 Std. kühl stellen.

2 Inzwischen für die Füllung die Feigen klein schneiden. Die Feigenstückchen mit Walnüssen, Honig und Rum mit dem Pürierstab oder im Blitzhacker zu einer dicken Paste verarbeiten. Daraus vier Rollen à ca. 20 cm Länge formen und beiseitestellen.

3 Den Backofen auf 200° vorheizen, ein Backblech mit Backpapier oder -matte auslegen. Den Teig auf einer leicht bemehlten Arbeitsfläche zu einem Rechteck von ca. 40 × 20 cm ausrollen und dieses in vier Streifen à ca. 10 × 20 cm Länge schneiden. Auf jeden Teigstreifen mittig eine Feigenrolle legen. Das Ei trennen und die freien Teigränder mit dem Eiweiß bepinseln. Den Teig über die Feigenmasse schlagen und leicht festdrücken.

4 Die gefüllten Teigstangen mit der Naht nach unten und mit Abstand zueinander auf das Backblech legen. Das Eigelb gründlich mit der Milch verquirlen und die Rollen damit bepinseln. Im Ofen (Mitte) in 20 – 25 Min. goldgelb backen. Erst auf dem Blech, dann auf einem Kuchengitter abkühlen lassen. Nach dem Auskühlen die Stangen mit einem scharfen Messer schräg in 1 – 2 cm breite Scheiben schneiden. Dabei das Messer immer wieder leicht anfeuchten, damit der Teig nicht bricht.

CHRISTMAS
IN NEW YORK

Cookies, Brownies und Gingerbread sind in den USA die weihnachtlichen All-time-Favorites. Aber in den Teigschüsseln der Trendmetropole New York wird auch allerlei Exotisches aus den Nachbarstaaten Mexiko und Argentinien oder knallig Buntes angerührt – Merry Christmas!

BROWNIE-TANNENBÄUME

Perfektes Outfit für Brownies zur Weihnachtszeit: Diese kleinen Schoko-Tannenbäume sehen zum Anbeißen schön aus. Widerstand zwecklos!

Für die Brownies:
125 g Zartbitter-Schokolade
125 g Butter
2 Eier
150 g Zucker
½ Vanilleschote
75 g Mehl
60 g Mini-Marshmallows

Für die Deko:
1 Eiweiß
125 g Puderzucker
½ Zitrone
grüne Speisefarbe
bunte Zuckerperlen (ersatzweise rote Mini-Schokolinsen)
7 Schoko-Keks-Sticks (z. B. Mikado oder Griesson Choco Sticks)

Außerdem:
quadratische Springform (20 × 20 cm)
Spritzbeutel mit Lochtülle (Größe 2 – 5)

Oh Browniebaum ...

Für 21 Stück | 45 Min. Zubereitungszeit | 20 Min. Backzeit
Pro Stück ca. 170 kcal, 2 g E, 8 g F, 22 g KH

1 Den Backofen auf 180° vorheizen, die quadratische Springform mit Backpapier auslegen. Für die Brownies Schokolade in Stücke brechen und Butter in Stücke schneiden, zusammen über dem heißen Wasserbad schmelzen. Inzwischen die Eier in einer großen Schüssel mit den Rührbesen des Handrührgeräts dicklich cremig rühren, dabei nach und nach den Zucker dazugeben. Die Vanilleschote längs halbieren, das Mark herauskratzen und mit der Schokomasse unter die Eiermischung rühren. Mehl und Marshmallows zügig mit einem Teigschaber unterrühren.

2 Teig in die Backform füllen und im Ofen (Mitte) ca. 20 Min. backen, sodass die Ränder fest sind und der innere Teil noch weich ist. Abkühlen lassen, aus der Form und vom Backpapier lösen. Den Brownie-Kuchen in drei knapp 7 cm breite Streifen schneiden. Daraus je sieben gleich große Dreiecke schneiden (an den Enden bleibt je ein halbes Dreieck zum Naschen übrig).

3 Für die Deko das Eiweiß steif schlagen, dabei nach und nach Puderzucker zugeben. Zitrone auspressen und 1 TL Zitronensaft zum Eischnee geben. 8 – 10 Min. auf kleinster Stufe cremig glänzend rühren. Mit Speisefarbe einfärben. Ist die Masse zu fest, tröpfchenweise Wasser unterrühren.

4 Die Eiweißglasur in einen Spritzbeutel füllen und die Brownie-Dreiecke damit von oben nach unten wellenförmig überziehen. Mit bunten Zuckerperlen verzieren und vollständig trocknen lassen. Inzwischen die Schoko-Sticks dritteln und je 1 Stick unten als Stamm in die Brownie-Tannenbäume stecken.

PEANUTBUTTER-THUMBPRINTS

100 g brauner Zucker | 1 Pck. Bourbon-Vanillezucker | 1 Ei (Größe L) | 100 g weiche Butter | 120 g Erdnussmus | 200 g Mehl | 2 TL Backpulver | Salz | 150 g Erdbeerkonfitüre

Salzig trifft süß

Für ca. 40 Stück | 25 Min. Zubereitungszeit | 30 Min. Kühlzeit | 15 Min. Backzeit pro Blech
Pro Stück ca. 80 kcal, 2 g E, 4 g F, 9 g KH

1 Zucker, Vanillezucker und Ei mit den Rührbesen des Handrührgeräts schaumig rühren. Die Butter in Stückchen schneiden und mit dem Erdnussmus unter die Eiermischung rühren.

2 Mehl mit Backpulver und 2 Prisen Salz mischen. Zügig mit einem Löffel unter die Eiermischung rühren. Teig zu einer Kugel formen, in Frischhaltefolie wickeln und ca. 30 Min. kühl stellen.

3 Backofen auf 180° vorheizen, Backblech mit Backpapier oder -matte auslegen. Teig vierteln, jedes Viertel in zehn Portionen teilen und diese zu Kugeln formen. Mit Abstand auf das Blech legen. Mithilfe eines Kochlöffelstiels je eine Vertiefung in die Mitte der Teigkugeln drücken und diese zu einer etwas breiteren Mulde formen. Konfitüre einfüllen. Die Plätzchen im Ofen (Mitte) in 12 – 15 Min. goldgelb backen. Abkühlen lassen.

TIPP

Extrafruchtig werden die Cookies, wenn Sie nach dem Backen nochmals Konfitüre nachfüllen. Oder Sie lassen die Mulden beim Backen leer und füllen sie nach dem Erkalten mit geschmolzener Schokolade – yummy!

CONFETTI-COOKIES

120 g weiche Butter | 150 g mittelkörniger Zucker | 1 Ei | 4 Tropfen Bittermandelaroma | 200 g Mehl | Salz | 1 TL Backpulver | ½ TL Natron | 4 EL bunte Zuckerperlen (ersatzweise Zuckerdekorsterne)

Superschnelle Kinderlieblinge

Für ca. 20 Stück | 25 Min. Zubereitungszeit | 12 Min. Backzeit pro Blech
Pro Stück ca. 125 kcal, 1 g E, 5 g F, 17 g KH

1 Butter in Stücke schneiden und mit den Rührbesen des Handrührgeräts weiß-cremig rühren, dabei nach und nach den Zucker dazugeben. Ei und Bittermandelaroma gründlich unterrühren.

2 Mehl mit 2 Prisen Salz, Backpulver und Natron vermischen. Mit 2 EL Zuckerperlen zur Buttermischung geben. Zügig mit einem Löffel vermengen oder mit den Händen zusammenkenten, ohne dabei viel Druck auszuüben.

3 Backofen auf 180° vorheizen, Backblech mit Backpapier oder -matte auslegen. Teig halbieren, Hälften jeweils in zehn Portionen teilen und diese zu Kugeln formen. Die Kugeln jeweils bis zur Hälfte in die übrigen Zuckerperlen drücken und mit dieser Seite nach oben mit reichlich Abstand auf das Blech legen.

4 Die Kugeln zu ca. 2 cm hohen, runden Cookies flach drücken (z. B. mit einer breiten Backpalette). Im Ofen (Mitte) 10 – 12 Min. backen, sodass die Plätzchen oben noch hell und auf der Unterseite leicht gebräunt sind. Auf dem Blech auskühlen lassen, damit sie nicht zerbrechen.

SCHMELZENDE SCHNEEMÄNNER

Da geht nicht nur Kindern das Herz auf: Kleine Schneemänner aus Marshmallows, Zuckerschrift und Schokolinsen schmelzen auf diesen Cookies dahin.

Für die Plätzchen:
220 g weiche Butter
150 g brauner Zucker
1 Ei (Größe L)
100 g Rübensirup
250 g Mehl
2 TL Ingwerpulver
1 TL Zimtpulver
¼ TL Nelkenpulver
¼ TL gemahlene Muskatblüte
Salz | ¼ TL Backpulver
Für die Deko:
1 Eiweiß
350 g Puderzucker
½ Zitrone
orange Speisefarbe
32 weiße Marshmallows
dunkle Zuckerschrift (Tube)
rote Mini-Schokolinsen
Außerdem:
Mehl für die Arbeitsfläche
runder Ausstecher (ca. 7 cm ∅)

Zuckersüß

Für ca. 32 Stück |
45 Min. Zubereitungszeit |
3 Std. Kühlzeit |
12 Min. Backzeit pro Blech
Pro Stück ca. 182 kcal,
2 g E, 6 g F, 30 g KH

1 Für die Plätzchen Butter in Stücke schneiden und mit den Rührbesen des Handrührgeräts weiß-cremig rühren, dabei nach und nach den Zucker zugeben. Erst das Ei gründlich unterrühren, dann den Rübensirup. Mehl mit Gewürzen, ¼ TL Salz und Backpulver mischen. Mit einem Löffel zügig unter die Buttermasse rühren. Teig zu einer Kugel formen und ca. 3 Std. kühl stellen.

2 Backofen auf 180° vorheizen, Backblech mit Backpapier oder -matte auslegen. Plätzchenteig halbieren, eine Hälfte kühl stellen und die andere Hälfte auf einer bemehlten Arbeitsfläche ca. 4 mm dick ausrollen. Runde Plätzchen ausstechen und mit reichlich Abstand auf das Blech legen, bis der Teig verbraucht ist. Mit der zweiten Teighälfte ebenso verfahren. Die Kreise im Ofen (Mitte) 10 – 12 Min. backen, sie sollten hell und weich sein. Die Kekse auf dem Blech abkühlen lassen.

3 Inzwischen für die Deko das Eiweiß mit den Rührbesen des Handrührgeräts steif schlagen, dabei nach und nach den Puderzucker einrieseln lassen. Zitrone auspressen und 2 TL Zitronensaft zum Eischnee geben. 8 – 10 Min. auf kleinster Stufe cremig glänzend rühren. 1 EL abnehmen und mit wenig Speisefarbe einfärben, sodass die Masse nicht zu flüssig wird. Je eine Nase auf die Mitte der Marshmallows tupfen. Augen und Mund mit dunkler Zuckerschrift auftupfen.

4 Übrige Eiweißglasur mit einem Messer auf die Plätzchen streichen. Marshmallows als Köpfe in den noch weichen Guss setzen und leicht andrücken. Schokolinsen als Knöpfe daraufsetzen. Nach dem Trocknen der Glasur nach Belieben mit Zuckerschrift Arme aufmalen.

CRANBERRY-SHORTBREAD

200 g Mehl | 50 g Zucker | Salz | 125 g Butter | 50 g getrocknete Cranberrys

Schmeckt das ganze Jahr

Für ca. 25 Stück | 25 Min. Zubereitungszeit | 18 Min. Backzeit
Pro Stück ca. 80 kcal, 1 g E, 4 g F, 9 g KH

1 Backofen auf 175° vorheizen. Mehl, Zucker und ¼ TL Salz in einer Schüssel oder auf der Arbeitsfläche mischen. Butter in Stücke schneiden und untermischen. Alles mit einem Messer fein zerhacken, dann zwischen den Händen zu Bröseln zerreiben.

2 Cranberrys klein hacken, mit den Teigbröseln auf eine Arbeitsfläche geben. Alles mit wenig Druck zu einem bröseligen Teig zusammenkneten. Teig auf Backpapier oder -matte ca. 1 cm dick rechteckig ausrollen, die Ränder dabei von Hand zurechtdrücken.

3 Teig samt Backpapier auf ein Blech heben und in ca. 3 × 7 cm große Rechtecke schneiden. Etwas auseinanderschieben und mit einer Gabel mehrfach einstechen. Im Ofen (Mitte) in 15 – 18 Min. hell backen. Auf dem Blech abkühlen lassen.

TIPP

Die Cranberrys durch 40 g gehackten kandierten Ingwer ersetzen – oder zusätzlich 1 EL klein gehacktes Orangeat und 30 g gehackte Zartbitter-Schokolade untermischen.

SNOWCAPS

250 g Zartbitter-Schokolade | 150 g Mehl | 50 g Kakaopulver | Salz | 2 TL Backpulver | 60 g weiche Butter | 200 g Puderzucker | 2 Eier | 50 g Puderzucker zum Wälzen

Schoko-Schneebälle

Für ca. 40 Stück | 25 Min. Zubereitungszeit | 1 Std. Kühlzeit | 15 Min. Backzeit
Pro Stück ca. 90 kcal, 1 g E, 4 g F, 11 g KH

1 Schokolade in Stücke brechen und über dem heißen Wasserbad schmelzen. Inzwischen Mehl mit Kakao, 1 Prise Salz und Backpulver mischen.

2 Butter in Stückchen schneiden, mit den Rührbesen des Handrührgeräts weiß-cremig rühren. Dabei nach und nach Puderzucker zugeben, sodass eine krümelige Masse entsteht. Die Eier nacheinander gut unterrühren, dann die Schokolade. Zuletzt die Mehlmischung mit einem Löffel zügig unterrühren. Teig abgedeckt ca. 1 Std. kühl stellen.

3 Backofen auf 180° vorheizen, Backblech mit Backpapier oder -matte auslegen. Den Puderzucker in einen tiefen Teller geben. Mit einem Teelöffel walnussgroße Bällchen vom Teig abstechen und zügig zu Kugeln rollen, diese gleich im Puderzucker wälzen.

4 Zuletzt alle Kugeln nochmals im Puderzucker wälzen, bis sie dick überzogen sind. Mit reichlich Abstand auf das Blech legen. Dann im Ofen (Mitte) 12–15 Min. backen, sodass die Snowcaps an den Rändern fest gebacken und innen noch weich sind. Auf dem Blech abkühlen lassen. Innerhalb von ca. 10 Tagen verbrauchen.

WEDDING-COOKIES

120 g Walnusskerne | 250 g Mehl | Salz | ½ TL Zimtpulver | 1 Vanilleschote | 225 g Butter | 50 g Puderzucker | 1 Eiweiß | 40 gehäutete Mandeln | Puderzucker zum Wälzen (nach Belieben)

Festtagsgebäck aus Mexiko

Für ca. 40 Stück | 30 Min. Zubereitungszeit | 12 Std. Kühlzeit | 18 Min. Backzeit pro Blech
Pro Stück ca. 100 kcal, 1 g E, 7 g F, 7 g KH

1 Die Walnusskerne mit 2 EL Mehl vermischen und im Blitzhacker fein mahlen. Mit dem übrigen Mehl, ¼ TL Salz und Zimt vermengen. Die Vanilleschote längs halbieren und das Mark herauskratzen. Die Butter in Stückchen schneiden und mit Puderzucker und Vanillemark mit den Rührbesen des Handrührgeräts weiß-cremig rühren. Die Mehlmischung zur Buttermischung geben und ohne Druck mit einem Löffel unterrühren. Den Teig mit den Händen zu einer Kugel formen, in Frischhaltefolie wickeln und ca. 12 Std. kühl stellen.

2 Backofen auf 160° vorheizen, Backblech mit Backpapier oder -matte auslegen. Teig in vier gleich große Portionen aufteilen. Aus jeder Portion zehn Bällchen formen, diese mit etwas Abstand auf das Blech legen. Eiweiß verquirlen, jeweils eine Mandel eintauchen, abtropfen lassen, auf ein Bällchen setzen und ganz leicht eindrücken.

3 Die Cookies im Ofen (Mitte) 15 – 18 Min. backen. Auf dem Blech ca. 15 Min. abkühlen lassen. Nach Belieben Puderzucker in einen tiefen Teller geben und die lauwarmen Bällchen darin wälzen, bis sie rundum dick überzogen sind. Auf einem Kuchengitter ganz abkühlen lassen.

ALFAJORES MIT DULCE DE LECHE

Diese Doppelkekse liebt man in ganz Südamerika: Sie werden mit einer Karamellcreme (Dulce de leche) gefüllt und in Kokosraspeln gewälzt.

150 g weiche Butter
80 g Zucker
2 Eigelb (Größe L)
2 EL Weinbrand
170 g Maisstärke
130 g Mehl
1 TL Backpulver
¼ TL Natron
Salz
200 g Dulce de leche (aus dem Supermarkt, siehe Tipp)
5 EL Kokosraspel
Mehl für die Arbeitsfläche
runder Ausstecher (ca. 5 cm ∅)

Argentinisches Trendgebäck

Für ca. 25 Stück | 45 Min. Zubereitungszeit | 2 Std. Kühlzeit | 15 Min. Backzeit pro Blech
Pro Stück ca. 152 kcal, 2 g E, 8 g F, 18 g KH

1 Butter in Stücke schneiden, mit den Rührbesen des Handrührgeräts weiß-cremig rühren. Dabei nach und nach Zucker zugeben. Eigelbe einzeln gründlich unterrühren, Weinbrand untermengen.

2 Maisstärke, Mehl, Backpulver, Natron und ⅓ TL Salz mischen. Mit einem Löffel zügig unter die Buttermischung rühren. Ohne Druck zu einem glatten Teig verkneten, in Frischhaltefolie wickeln und ca. 2 Std. kühl stellen.

3 Backofen auf 175° vorheizen, Backblech mit Backpapier oder -matte auslegen. Teig auf einer leicht bemehlten Arbeitsfläche ca. 4 mm dick ausrollen. Kreise ausstechen und mit etwas Abstand auf das Blech legen. Den übrigen Teig erneut ausrollen und weiter ausstechen. Im Ofen (Mitte) in 12 – 15 Min. hellgelb backen. Auf dem Blech abkühlen lassen.

4 Etwas Dulce de leche auf die Unterseite eines Plätzchen geben, jeweils ein zweites mit der Unterseite daraufsetzen und leicht zusammendrücken (dabei sollte die Creme etwas herausquillen). Kokosraspel in ein Schälchen geben und die Alfajores seitlich darin wälzen.

TIPP **Rezept für Dulce de leche: 250 g Zucker, 500 ml Milch, ½ Vanilleschote und ½ TL Backpulver in einem großen Topf unter Rühren aufkochen. Bei mittlerer Hitze 1 bis 1 Std. 15 Min. offen köcheln, dabei immer wieder mit einem Holzlöffel umrühren. Gegen Garzeitende ständig rühren, bis die Milch dicklich cremig und karamellfarben ist. In ein Twist-off-Glas (300 ml) füllen, verschließen und abkühlen lassen.**

REGISTER

Damit Sie Rezepte mit bestimmten Zutaten noch schneller finden, sind in diesem Register auch beliebte Zutaten wie **Mandeln** oder **Zimt** alphabetisch eingeordnet und hervorgehoben. Darunter finden Sie das Rezept Ihrer Wahl.

A

Alfajores mit Dulce de leche 58
Anis: Mantecados 41

B

Basler Brunsli 18
Basler Leckerli 22
Brownie-Tannenbäume 48
Brune Kager 32

C

Cantuccini
Früchte-Cantuccini 38
Schoko-Haselnuss-Cantuccini (Kurzrezept) 38
Confetti-Cookies 51
Cranberrys, getrocknete: Cranberry-Shortbread 55

D

Dänische Pfeffernüsse 31
Dulce de Leche
Alfajores mit Dulce de leche 58
Dulce de leche (Kurzrezept) 58

E

Eggnog 64
Erdnussmus: Peanutbutter-Thumbprints 50

F

Feigenröllchen 44
Frischkäse: Russische Kolachki 26
Früchte-Cantuccini 38

G

Gelee: Spitzbuben 13
Gløgg 64
Glühwein 64

H

Haselnüsse
Basler Leckerli 22
Französische Nuss-Stangen 43
Haselnussbällchen 19
Nugat-Mokka-Tropfen 16
Schoko-Haselnuss-Cantuccini (Kurzrezept) 38
Wiener Herzoginnen-Plätzchen 21
Honig
Basler Leckerli 22
Brune Kager 32
Feigenröllchen 44
Russische Kolachki 26

I

Ingwerpulver
Brune Kager 32
Dänische Pfeffernüsse 31
Schmelzende Schneemänner 52

K

Kaffee: Nugat-Mokka-Tropfen 16
Kakao
Basler Brunsli 18
Nugat-Mokka-Tropfen 16
Schwedische Punschrollen 34
Snowcaps 56
Karamellcreme: Dulce de leche (Kurzrezept) 58
Kardamom
Dänische Pfeffernüsse 31
Gløgg 64
Schwedische Zimtschnecken 28
Kokosraspel
Alfajores mit Dulce de leche 58
Kokosmakronen 10
Kolachki, russische 26
Konfitüre
Peanutbutter-Thumbprints 50
Pinienhörnchen 40
Russische Kolachki (Tipp) 26
Kuvertüre
Dänische Pfeffernüsse 31
Nugat-Mokka-Tropfen 16
Schwedische Punschrollen 34

L

Limoncello-Kugeln 42

M

Mandeln
Basler Brunsli 18
Basler Leckerli 22
Brune Kager 32

Früchte-Cantuccini 38
Gløgg 64
Mantecados 41
Pinienhörnchen 40
Spitzbuben 13
Vanillekipferl 14
Wedding-Cookies 57
Zimtsterne 15
Mantecados 41
Marzipan: Schwedische Punschrollen 34
Mohnsamen: Russische Kolachki 26
Muskatblüte: Schmelzende Schneemänner 52
Mürbeteig (Grundrezept) 6

N

Nelkenpulver
Basler Brunsli 18
Basler Leckerli 22
Brune Kager 32
Schmelzende Schneemänner 52
Nugat-Mokka-Tropfen 16
Nuss-Stangen, französische 43

O

Orange
Limoncello-Kugeln (Tipp) 42
Pinienhörnchen 40
Orangeat
Basler Leckerli 22
Brune Kager 32
Cranberry-Shortbread (Tipp) 55

P

Peanutbutter-Thumbprints 50
Pfeffernüsse, dänische 31
Piment: Brune Kager 32
Pinienhörnchen 40
Pistazien: Brune Kager 32
Punschrollen, schwedische 34

R

Russische Kolachki 26

S

Schneemänner, schmelzende 52
Schokolade
Basler Brunsli 18
Brownie-Tannenbäume 48
Französische Nuss-Stangen 43
Peanutbutter-Thumbprints (Tipp) 50
Schoko-Haselnuss-Cantuccini (Kurzrezept) 38
Snowcaps 56
Wiener Herzoginnen-Plätzchen 21
Schwedische Punschrollen 34
Schwedische Zimtschnecken 28
Snowcaps 56
Spitzbuben 13

V

Vanille
Brownie-Tannenbäume 48
Dulce de leche (Kurzrezept) 58
Eggnog 64
Früchte-Cantuccini 38
Kokosmakronen 10
Mantecados 41
Mürbeteig (Grundrezept) 6
Peanutbutter-Thumbprints 50
Spitzbuben 13
Vanillekipferl 14
Wedding-Cookies 57
Wiener Herzoginnen-Plätzchen 21
Zuckerschleifen 29

W

Walnüsse
Basler Leckerli 22
Feigenröllchen 44
Walnussmakronen (Tipp) 10
Wedding-Cookies 57
Wedding-Cookies 57
Wiener Herzoginnen-Plätzchen 21

Z

Zimt
Schoko-Haselnuss-Cantuccini (Kurzrezept) 38
Schwedische Zimtschnecken 28
Zimtsterne 15
Zitronat
Basler Leckerli 22
Brune Kager 32
Französische Nuss-Stangen 43
Russische Kolachki 26
Zuckerschleifen 29

Projektleitung: Verena Kordick
Lektorat: Julia Genazino
Korrektorat: Christin Geweke
Innen- und Umschlaggestaltung: independent Medien-Design, Horst Moser, München
Illustrationen: Maria Baus
Herstellung: Mendy Willerich
Satz: Kösel, Krugzell
Reproduktion: Repro Ludwig, Zell am See
Druck und Bindung: Schreckhase, Spangenberg
Syndication: www.seasons.agency
Printed in Germany

1. Auflage 2017
ISBN 978-3-8338-6187-1
www.facebook.com/gu.verlag

GRÄFE UND UNZER
Ein Unternehmen der
GANSKE VERLAGSGRUPPE

Die Autorin

Tanja Dusy backt leidenschaftlich gern für Familie, Freunde und Gäste – nicht nur an Weihnachten! Von ihren köstlichen Plätzchen schwärmte die Redaktion noch nach Monaten. Von Tanja Dusy sind im GRÄFE UND UNZER VERLAG bereits mehrere prämierte Kochbücher erschienen.

Die Fotografin

Anke Schütz fotografiert für namhafte Redaktionen und Buchverlage Food und Lifestyle. Zusammen mit **Diane Dittmer** (Foodstyling), **sowie Kirsten Petersen und Tania Schultz** (Assistenz) verwandelte sie ihr Studio in eine duftende, glitzernde Weihnachtsbäckerei. Gemeinsam kreierten sie mit jedem Foto ein kleines Kunstwerk.

Bildnachweis

Titelfoto: Vivi D'Angelo, München; Autorenfoto: Monika Schürle, Berlin; alle anderen Fotos: Anke Schütz, Buxtehude

Umwelthinweis:
Dieses Buch ist auf PEFC-zertifiziertem Papier aus nachhaltiger Waldwirtschaft gedruckt.

QUALITÄTS G|U GARANTIE

Liebe Leserin, lieber Leser,

haben wir Ihre Erwartungen erfüllt? Sind Sie mit diesem Buch zufrieden? Haben Sie weitere Fragen zu diesem Thema? Wir freuen uns auf Ihre Rückmeldung, auf Lob, Kritik und Anregungen, damit wir für Sie immer besser werden können.

GRÄFE UND UNZER Verlag
Leserservice
Postfach 86 03 13
81630 München
E-Mail:
leserservice@graefe-und-unzer.de

Telefon: 00800 / 72 37 33 33*
Telefax: 00800 / 50 12 05 44*
Mo–Do: 9.00 – 17.00 Uhr
Fr: 9.00 – 16.00 Uhr
(gebührenfrei in D, A, CH)*

Ihr GRÄFE UND UNZER Verlag
Der erste Ratgeberverlag – seit 1722.

Backofenhinweis:
Die Backzeiten können je nach Herd variieren. Die Temperaturangaben in unseren Rezepten beziehen sich auf das Backen im Elektroherd mit Ober- und Unterhitze und können bei Gasherden oder Backen mit Umluft abweichen. Details entnehmen Sie bitte Ihrer Gebrauchsanweisung.

Kreativer Backzauber in weiß & braun
Ob weiß wie Schnee oder schoko-braun wie köstlicher Kakao – die beiden Puderzucker von SweetFamily bieten Vielfalt für phantasievolle Plätzchenkreationen
Sweet Family
Nordzucker
Kakao Puderzucker
für Kuchen-Glasur
Auch ideal zum Backen, Verfeinern und Dekorieren!
Glasur einfach mit Wasser anzurühren!
300 g
Sweet Family
Nordzucker
Puder Zucker
seit 1838
www.sweet-family.de

PROST, SKÅL, CHEERS!

Heiße Drinks für kalte Tage: Auf all das Plätzchenbacken – und natürlich auf Weihnachten – wird angestoßen. Am besten landestypisch!

GLÜHWEIN

Für 4 Personen: 1 Flasche trockenen Rotwein (750 ml) mit der Schale von ½ Bio-Zitrone, 70 g Zucker, 2 Zimtstangen und 6 Gewürznelken in einen Topf geben. Ganz langsam bei kleiner Hitze heiß werden lassen, bis sich etwas Schaum bildet, aber auf keinen Fall kochen lassen. Den Glühwein ca. 15 Min. zugedeckt bei kleiner Hitze ziehen lassen. Dann den Topf vom Herd nehmen und nach Belieben 100 ml Orangenlikör dazugießen. Nochmals erhitzen und weitere 3–5 Min. zugedeckt ziehen lassen. Zitronenschale, Nelken und Zimtstangen abschöpfen und den Glühwein in hitzebeständige Gläser oder Tassen füllen. Heiß servieren.

GLØGG

Für 4 Personen: 1 l trockenen Rotwein in einen Topf geben. 6 grüne Kardamomkapseln leicht anquetschen und mit 1 Zimtstange und 8 Gewürznelken zum Wein geben. Langsam bei kleiner Hitze heiß werden lassen, bis er fast kocht. Hitze reduzieren, 3 EL Rosinen und 2 EL gehäutete Mandeln dazugeben und 20 Min. ziehen lassen. Inzwischen 10 Stück Würfelzucker in einem Topf mit 200 ml Weinbrand übergießen und mit einem Streichholz anzünden. Den Zucker schmelzen lassen, dann zum Wein gießen. Die Gewürze nach Belieben entfernen und den Glögg mit Mandeln und Rosinen auf Gläser verteilen. Mit Löffeln servieren.

EGGNOG

Für 4 Personen: 4 frische Eigelbe mit 4 EL Zucker mit den Rührbesen des Handrührgeräts weiß-cremig aufschlagen und in einem Topf erhitzen. Inzwischen 600 ml Milch mit 1 Zimtstange und dem ausgekratzten Mark von ½ Vanilleschote in einem zweiten Topf aufkochen. Die heiße Milch nach und nach unter ständigem Rühren mit dem Schneebesen unter die Eiercreme rühren. 100 ml (Bourbon-)Whiskey unterrühren. Die Eiermilch unter Rühren erhitzen, bis sie dicklich cremig wird (nicht kochen, sonst gerinnt das Eigelb!). Eggnog auf hitzebeständige Gläser oder Becher verteilen und mit je 1 Prise geriebener Muskatnuss bestäuben.